W0332180

GÜTERSLOHER
VERLAGSHAUS

Wunder aller Wunder

Weihnachten mit Dietrich Bonhoeffer

Gütersloher Verlagshaus

Inhalt

Kapitel 1

Ankommen

Die Seele den Weg ziehen lassen

Es geht durch unsere Zeit ein Suchen,
ein ängstliches Tasten und Fragen nach göttlichen Dingen.
Über unsere Zeit ist die große Einsamkeit gekommen,
eine Einsamkeit, die es nur dort gibt, wo Gottverlassenheit herrscht.
Mitten in unsere Großstädte in das größte wildeste Treiben
ungezählter Menschenmassen ist die große Not
der Vereinsamung und der Heimatlosigkeit hereingebrochen.
Aber die Sehnsucht wächst,
dass doch die Zeit wiederkommen möchte,
wo Gott unter den Menschen weilt,
wo Gott sich finden lässt.

Keiner von uns lebt so gehetzt, dass es ihm nicht möglich wäre,
auch nur zehn Minuten am Tage am Morgen oder Abend
es stille werden zu lassen um sich herum,
und nur der Ewigkeit sich zu stellen,
sie reden zu lassen,
sie zu befragen über uns selbst,
dabei ganz tief in sich hinein
und ganz weit über sich hinaus zu schauen,
sei es, indem er ein paar Verse der Bibel zur Hand nimmt,
am besten aber, indem er ganz frei wird
und seine Seele den Weg ziehen lässt
zum väterlichen Haus, zur Heimat, in der sie Ruhe findet.

Schaffe dir jeden Tag einige Minuten des Alleinseins,

und denke über den kommenden oder den vergangenen Tag nach,

über die Menschen, die dir begegneten;

denke auch über dich selbst nach und das, was dir fehlt.

Aber vergrübele dich nie in dich selbst hinein,

sondern lass an den einsamen Stunden den teilnehmen,

der auch deine Geheimnisse kennt.

Gibts denn auch für unsere Tage noch so etwas wie Seele,
in der Zeit der Maschinen,
des Wirtschaftskampfes,
der Herrschaft der Mode und des Sports;

ist's nicht nur eine liebe Kindererinnerung, wie so manches andere.

Es klingt halt so wunderlich und absonderlich
zu dem Gewirr und Geschrei der Stimmen, die sich anpreisen,
das Wörtchen Seele; es hat so eine leise, stille Sprache,
dass wir's kaum mehr hören über dem Toben und Tosen
in unserem Inneren.

Aber es hat eine Sprache voll größter Verantwortung

und tiefsten Ernstes:

du, Mensch, hast eine Seele;

schau, dass du sie nicht verlierst,

dass du nicht eines Tages vom Taumel des Lebens

– des Berufslebens und des Privatlebens –

erwachst – und sehen musst, dass du innerlich hohl geworden bist.

Kapitel 2

Advent

Warten ist eine Kunst

Advent feiern heißt warten können;

Warten ist eine Kunst, die unsere ungeduldige Zeit vergessen hat.

(…) Wer nicht weiß, wie es einem zumute ist,
der bange ringt mit den tiefsten Fragen des Lebens, seines Lebens,
und wartend, sehnend ausschaut,
bis sich die Wahrheit ihm entschleiert,

der kann sich nichts von der Herrlichkeit dieses Augenblicks,
in dem die Klarheit aufleuchtet, träumen,

und wer nicht um die Freundschaft,
um die Liebe eines anderen werben will,
wartend seine Seele aufschließt der Seele des anderen,
bis sie kommt, bis sie Einzug hält,

dem bleibt der tiefste Segen eines Lebens
zweier Seelen ineinander für ewig verborgen.

Auf die größten, tiefsten, zartesten Dinge

in der Welt müssen wir warten,

da gehts nicht im Sturm,

sondern nach den göttlichen Gesetzen

des Keimens und Wachsens und Werdens.

Nacht, lösche aus, was brennt,

schenk mir volles Vergessen,

sei mir wohltätig,

Nacht, übe dein mildes Amt,

dir vertrau ich mich an.

Aber die Nacht ist weise und mächtig,

weiser als ich und mächtiger als der Tag.

Was keine irdische Kraft vermag,

woran Gedanken und Sinne,

Trotz und Tränen verzagen müssen,

das schüttet die Nacht

aus reicher Fülle über mich aus.

So eine Gefängniszelle ist übrigens

ein ganz guter Vergleich für die Adventssituation;

man wartet, hofft, tut dies und jenes

– letzten Endes Nebensächliches –,

die Tür ist verschlossen und

kann nur *von außen* geöffnet werden.

Abendgebet

Herr mein Gott,

ich danke dir, dass du diesen Tag zu Ende gebracht hast.
ich danke dir, dass du Leib und Seele zur Ruhe kommen lässt
Deine Hand war über mir und hat mich behütet und bewahrt.
Vergib allen Kleinglauben und alles Unrecht dieses Tages
und hilf, dass ich gern denen vergebe,
die mir Unrecht getan haben
Lass mich in Frieden unter deinem Schutze schlafen
und bewahre mich vor den Anfechtungen der Finsternis.
Ich befehle dir die Meinen,
ich befehle dir dieses Haus,
ich befehle dir meinen Leib und meine Seele
Gott, dein heiliger Name sei gelobt.

Amen.

Kapitel 3

Weihnachten

Wunder aller Wunder

Jeder von uns geht mit verschiedenen persönlichen Gefühlen
Weihnachten entgegen,
die einen in reiner Freude im Blick auf diesen Tag des Jubels,
der Freundlichkeit und der Liebe. (...)
Andere suchen unterm Christbaum für einen Augenblick
Ruhe vom Alltag,
sie wollen träumen von vergangenen sonnigen Tagen und Zeiten,
sie wollen vergessen, was um sie ist,
wenn sie in die Lichter am Christbaum schauen und die alten
Weihnachtslieder hören,
sie sehnen sich nach diesem seligen Vergessen.
Wieder andere gehen mit großer Bangigkeit Weihnachten entgegen.
Es wird kein reines Freudenfest für sie werden,
unheimliche Trennungen werden in ihnen wach werden,
gerade an diesem Tag werden sie ihr persönliches Elend,
ihre Einsamkeit besonders empfinden. (...)
Und trotzdem kommt Weihnachten.

Von der Geburt eines Kindes ist die Rede,

nicht von der umwälzenden Tat eines starken Mannes,

nicht von der kühnen Entdeckung eines Weisen,

nicht von dem frommen Werk eines Heiligen.

Es geht wirklich über alles Begreifen:

Die Geburt eines Kindes soll die große Wendung aller Dinge

herbeiführen,

soll der ganzen Menschheit Heil und Erlösung bringen.

Worum sich Könige und Staatsmänner, Philosophen und Künstler,

Religionsstifter und Sittenlehrer vergeblich bemühen,

das geschieht nun durch ein neugeborenes Kind.

Frieden haben heißt sich getragen wissen,
sich geliebt wissen, sich behütet wissen,
heißt still, ganz still werden können,
mit einem Menschen Frieden haben heißt
auf seine Treue unerschütterlich bauen können,
heißt sich mit ihm eins wissen,
sich von ihm vergeben wissen.
Frieden haben heißt eine Heimat haben in der Unruhe der Welt,
heißt festen Boden unter den Füßen haben,
da mag nun die Welle branden und toben,
sie können mir meinen Frieden nicht mehr rauben,
mein Friede hat mich frei gemacht von der Welt,
stark gemacht gegen die Welt,
reif gemacht für die andere Welt.

Meine Seele ist stille vor Gott.

Stille werden heißt wirklich nichts mehr sagen können,
heißt das Gefühl als ob eine fremde,
liebe Hand sich auf unsere Lippen legt
und sie uns bedeutet zu schweigen.

Stille sein heißt
selig sein im Anblick des Ersehnten und Geliebten,
heißt sich ganz hingeben,
heißt kapitulieren vor der Übermacht des anderen, ganz anderen,
heißt einen Augenblick lang gar nicht mehr sich selbst,
sondern nur noch den anderen sehen,

heißt aber auch warten,
nämlich darauf, dass der andere uns etwas zu sagen hat.

Uns ist ein Kind geboren,
ein Sohn ist uns gegeben
und die Herrschaft ist auf seiner Schulter.

Und er heißt Wunderbar, Rat, Kraft, Held, Ewigvater, Friedefürst;
auf dass seine Herrschaft groß werde
und des Friedens kein Ende von nun an bis in Ewigkeit.
Er ist unser Friede.

»Wunder-Rat« – heißt dieses Kind.

In ihm ist das Wunder aller Wunder geschehen, aus Gottes ewigem Rat ging die Geburt des Heilandkindes hervor. In der Gestalt eines Menschenkindes gab Gott uns seinen Sohn, Gott ward Mensch, das Wort ward Fleisch. Das ist das Wunder der Liebe Gottes zu uns und es ist der unergründliche weise Rat, dass diese Liebe uns gewinnt und rettet. (...)

»Gott-Kraft« – heißt dieses Kind. Das Kind in der Krippe ist kein anderer als Gott selbst. Größeres kann nicht gesagt werden: Gott wurde ein Kind. In dem Jesuskind der Maria wohnt der allmächtige Gott. Halt einen Augenblick inne! Sprich nicht, denk nicht weiter! Bleib stehen vor diesem Wort! (...)

»Ewig-Vater« – wie kann dies der Name des Kindes sein? (...) Dieses Kind will nichts für sich sein, kein Wunderkind im menschlichen Sinne, sondern ein gehorsames Kind seines himmlischen Vaters. In der Zeit geboren bringt es die Ewigkeit mit sich auf Erden, als Sohn Gottes bringt es uns allen die Liebe des Vaters im Himmel. (...)

»Friede-Fürst« – wo Gott in Liebe zu den Menschen kommt, sich mit ihnen vereint, dort ist Friede geschlossen zwischen Gott und Mensch und zwischen Mensch und Mensch. Fürchtest du dich vor Gottes Zorn, so geh zum Kind in der Krippe und lass dir hier den Frieden Gottes schenken. Bist du in Streit und Hass mit deinem Bruder zerfallen, komm und sieh, wie Gott aus lauter Liebe unser Bruder geworden ist und uns miteinander versöhnen will. In der Welt herrscht die Gewalt, dieses Kind ist der Fürst des Friedens. Wo es ist, dort herrscht Friede.

»Wunder-Rat, Gott-Kraft, Ewig-Vater, Friede-Fürst« – so sprechen wir an der Krippe von Bethlehem, so überstürzen sich unsere Worte beim Anblick des göttlichen Kindes, so versuchen wir in Begriffe zu fassen, was für uns in dem einen Namen beschlossen liegt: Jesus. (...)

Kapitel 4

Aufbruch

Kraft der Hoffnung

Wir gehen in ein neues Jahr,
viel menschliche Pläne und Fehler,
viel Feindschaft und Not werden unseren Weg bestimmen.
Solange wir aber bei Jesus bleiben und mit ihm gehen,
dürfen wir gewiss sein,
dass auch uns nichts widerfahren kann,
als was Gott zuvor ersehen, gewollt und verheißen hat.

Da die Zeit das kostbarste,
weil unwiederbringlichste Gut ist,
über das wir verfügen,
beunruhigt uns bei jedem Rückblick der Gedanke
etwa verlorener Zeit.

Verloren wäre die Zeit, in der wir
nicht als Menschen gelebt,
Erfahrungen gemacht, gelernt, geschaffen,
genossen und gelitten hätten.

Verlorene Zeit ist unausgefüllte, leere Zeit.
Das sind die vergangenen Jahre
gewiss nicht gewesen.
Vieles, Unermessliches haben wir verloren,
aber die Zeit war nicht verloren.

Optimismus ist in seinem Wesen keine Ansicht
über die gegenwärtige Situation,
sondern er ist eine Lebenskraft,
eine Kraft der Hoffnung,
wo andere resignierten,
eine Kraft, den Kopf hoch zu halten,
wenn alles fehlzuschlagen scheint,
eine Kraft, Rückschläge zu ertragen,
eine Kraft, die die Zukunft niemals dem Gegner lässt,
sondern sie für sich in Anspruch nimmt.

Große Dinge sind verheißen und sie sind im Anzuge,
unerhörtes Geschehen wird verkündigt,
das noch kein menschliches Ohr vernommen,
unerschlossene Geheimnisse werden aufgetan,
schon bebt die Erde und ihre Menschheit unter ihrem Anzuge,
und eine Prophetenstimme schreit in die geängstigte Welt hinein:

Das Himmelreich ist nahe gekommen,
Gott der Herr selbst kommt,
der Schöpfer und Richter,
er naht in Liebe der Menschheit,
er will sie heimholen zum ewigen Freudenmahl,
er kommt.

Bist du bereit?

Lebensstationen Dietrich Bonhoeffers

Dietrich Bonhoeffer

4. Februar 1906:	Geboren in Breslau
1923 bis 1927:	Studium der Evangelischen Theologie in Tübingen, Rom und Berlin, anschließend Promotion und Habilitation (1930)
1928 bis 1929:	Vikariat in Barcelona
1930 bis 1931:	Studienjahr in New York
1931:	Privatdozent und Studentenpfarrer in Berlin
1933:	Beginn der kirchlichen Oppositionsarbeit, Auslandspfarrer in London
1935:	Übernahme eines illegalen Predigerseminars in Finkenwalde
1937:	Polizeiliche Schließung des Predigerseminars, illegale Weiterarbeit
1939:	Reise nach New York, Rückkehr nach Berlin

	vor Kriegsbeginn
1940 bis 1942:	Einsatz als V-Mann für den Widerstand, Reisen in die Schweiz, nach Norwegen, Schweden und Italien
Januar 1943:	Verlobung mit Maria von Wedemeyer
5. April 1943:	Verhaftung und Einlieferung in das Gefängnis Berlin-Tegel
8. Oktober 1944:	Verlegung in das Hauptgefängnis der Gestapo
7. Februar 1945:	Deportation in das Konzentrationslager Buchenwald
5. April 1945:	Hitler fordert den Tod Bonhoeffers
8. April 1945:	Deportation in das Konzentrationslager Flossenbürg
9. April 1945:	Vollstreckung des Todesurteils

Bibliografische Information der Deutschen Nationalbibliothek

Die Deutsche Nationalbibliothek verzeichnet diese Publikation in der Deutschen Nationalbibliografie; detaillierte bibliografische Daten sind im Internet über https://portal.dnb.de abrufbar.

Quellennachweis

Texte: (DBW: Dietrich Bonhoeffer Werke © Gütersloher Verlagshaus, Gütersloh, in der Verlagsgruppe Random House GmbH, München)
S. 9: DBW 10/469 – S. 10: DBW 10/484 – S. 13: DBW 10/544 – S. 14, 16: DBW 10/479f. – S. 21, 23: DBW 10/529 – S. 24: DBW 8/471 – S. 27: DBW 8/197 – S. 28: DBW 8/207 – S. 32: DBW 10, 586f. – S. 35: DBW 16/634 – S. 36: DBW 10/437 – S. 39: DBW 10, 481f. – S. 41: DBW 15, 491 – S. 42, 44: DBW 16, 636f. – S. 48: DBW 15, 498 – S. 50: DBW 8, 19 – S. 53: DBW 8,36 – S. 54, DBW 10, 585

Alle *Fotos* von fotolia.com: S. 6/7, 20, 22: © Daniel Loretto – S. 8: © Andril Salivon – S. 11: © Kavita – S. 12: © Taigi – Coverfoto, S. 15, 17, 55: © Thomas Sereda – S. 18/19, 34: © dziewul – S. 20, 22, 25, 52: © keller – S. 27: © styf – S33. 29, 30/31, 33: © Stefan Körber – S. 37: © lily – S. 38, 49: © Leonid Tit – S. 40: © Fanfo – S. 43, 45: © victor zastol'skiy – S. 46/47: © Romeo Kortmäe – S. 51: © Tatyana Pavlova

1. Auflage

Druck und Einband: Těšínská tiskárna, a.s., Český Těšín
Printed in Czech Republic
ISBN 978-3-579-07145-9

www.gtvh.de